AF454436

PRINCIPALES

PUBLICATIONS

DE

M. JULES PHILIPPE

ANNECY

IMPRIMERIE J. DÉPOLLIER ET Cᵉ, 9, RUE ROYALE

1887

PRINCIPALES
PUBLICATIONS

DE

M. JULES PHILIPPE

La Savoie poétique, *ou Recueil de Poésies extraites des principaux Auteurs savoisiens.* — Un vol. in-8° de 252 pages. François SAILLET, libraire-éditeur, Annecy, 1849. DEUX ÉDITIONS. Voir page 3.

Annecy et ses Environs, — QUATRE ÉDITIONS.

Première édition. — 1852, in-8°, 232 pages. Imprimerie SAILLET, à Annecy.

Histoire politique, littéraire et biographique d'Annecy depuis les temps les plus reculés. Le volume reproduit, comme documents, une partie des *franchises* et confirmations de *franchises* accordées à Annecy par les Princes de Savoie, et dont l'auteur avait retrouvé des copies.

Deuxième édition. — En 1860, le volume ne contient pas les *franchises.*

In-12, 288 pages. L. THÉSIO, imprimeur.

Troisième édition. — In-32, 191 pages, avec carte du lac d'Annecy et plan de la ville. Mêmes matières que dans la précédente, augmentées d'un *Itinéraire de chemin de fer d'Aix-les-Bains à Annecy*. Sans date.

Quatrième édition. — 1885, imprimerie DÉPOLLIER et Cᵉ, imprimeurs-éditeurs à Annecy. In-32, 172 pages, avec carte et gravures. Mêmes matières que la précédente, moins l'itinéraire du chemin de fer et la partie historique.

Manuel chronologique. — Contenant les principales dates de l'histoire politique, municipale, ecclésiastique et littéraire de la Savoie, jusqu'à la fin de l'année 1848, ouvrage destiné aux établissements d'instruction publique. Annecy, typographie et lithographie J. PHILIPPE, 1858. Vol. in-8°, 102 pages.

Défense de la Savoie; publiée dans *La Nymphe des Eaux*. d'Évian-les-Bains ; 18 juillet 1859. Article qui a servi à la rédaction de l'Introduction des *Gloires de la Savoie*, ci-après.

Notice historique sur l'Abbaye de Talloires, d'après des documents nouveaux et inédits. Vol. in-8°, 288 pages dont 209 de documents. Chambéry, 1861.

Ce volume, présenté au concours de la Société savoisienne d'histoire et d'archéologie, de Chambéry, a obtenu le prix Pillet-Will décerné par cette Société le 23 juillet 1860, et a été imprimé aux frais de la Société.

Réfutation *d'un article publié par* LE SIÈCLE *sur la Savoie, à propos du Congrès scientifique de Chambéry, tenu du 10 au 20 août 1863.* — *Courrier de Savoie*, de Chambéry, du 26 août 1863.

Protestation *contre un article injurieux pour la Savoie*, inséré par le *Petit illustré*, de Paris, 1864. Publiée dans le *Mont-Blanc*.

Les Gloires de la Savoie. — Paris, Chambéry, Annecy, 1863. Vol. in-8°, 313 pages. — Etudes biographiques.

Ouvrage de polémique fait pour défendre la Savoie contre les attaques dont elle fut accablée aussitôt après son annexion à la France, et qui prouve que les Savoyards avaient dignement conquis une place remarquable au milieu des nations.

Edition épuisée.

Les Poètes de la Savoie. — Recueil de morceaux de poètes savoisiens, jusqu'en 1864. In-16 de 334 pages. L'auteur, éditeur, Annecy, 1865.

C'est une seconde édition de la *Savoie poétique*, publiée par l'auteur en 1849, mais plus complète.

Les *Poètes de la Savoie* sont dédiés à Lamartine. Ils sont précédés d'une introduction, traitant de l'histoire de la poésie en Savoie.

Sainte-Beuve a rendu compte des *Poètes de la Savoie* dans ses *Nouveaux Lundis*, et a pris pour texte la vie et l'œuvre de J.-P. Veyrat.

Pièce de vers, *lue par Mme Nevers lors de l'inauguration de la salle du théâtre d'Annecy restauré,* le 1er octobre 1865.

Pièce de 40 vers publiée dans le journal *Le Mont-Blanc,* n° du 4 octobre 1865.

Notice sur Jacques Replat *et notes accompagnant la seconde édition du* Voyage au long cours sur le lac d'Annecy et l'ascension au Semnoz, *de cet auteur.* — Un vol. in-12, 180 pages. Annecy, 1867, l'auteur, éditeur.

Cet ouvrage contient la description la plus spirituelle et la plus fraîche des environs du lac d'Annecy, faite par Replat.

Eloge de Jacques Replat. — Lu à la Société Florimontane d'Annecy, le 15 décembre 1866. L'auteur, éditeur ; Annecy, 1867. Brochure in-8°, 44 pages.

Cet *Eloge* a paru d'abord dans le journal de la Société Florimontane.

Les Princes-Loups de Savoie. *Lettre à M. Thiers.* — Brochure in-8°, 22 pages. Dentu, libraire-éditeur, Paris, 1867. — Cinq éditions dans cette année ; une sixième en 1868, l'auteur, éditeur, à Annecy ; Dentu, à Paris. Epuisé.

Cette lettre était une réponse à M. Thiers qui, le 4 décembre 1867, avait prononcé, au sein du Corps législatif, la phrase suivante en parlant des événements politiques qui se passaient en

Italie : « *Le Palais Pitti est fait pour les Médicis,*
« *mais non pour les Loups de Savoie.* »

Cette lettre contient un résumé succinct de
l'histoire de la Maison de Savoie. Elle a été tra-
duite en Italien par ordre du gouvernement de
Victor-Emmanuel II et distribuée à tous les fonc-
tionnaires. Elle a valu à l'auteur la décoration
des Saints-Maurice et Lazare, le 26 décembre 1867.

Un Moraliste savoyard au XVIᵉ siècle. — Jean Menenc. — Brochure in-8° de 58 pages. L'auteur, éditeur, 1867.

Ce travail parut d'abord dans la *Revue savoisienne,*
journal de la Société Florimontane d'Annecy.

Les Cloches d'Annecy, par Feraigu. Deux éditions. Epuisé.

Première édition. — Brochure in-12 de 22 pages.
Imprimerie J. Dépollier et Cᵉ, Annecy, 1868.
Deuxième édition. — Typographie J. Dépollier
et Cᵉ, 1869 ; 30 pages avec préface et documents.
Cette brochure, faite simplement pour obtenir
un règlement pour la sonnerie des cloches, règlement qui existe depuis lors, a été considérée fauss-
sement par quelques-uns comme une attaque
contre la religion catholique et a été l'objet de
plusieurs réponses assez acerbes, ce qui a fait le
succès de la brochure de *Feraigu.*

Réformez l'Education, *requête présentée par quelques citoyens à M. Duruy, ministre de l'Instruction publique.* — Brochure in-8° de 23 pages ; Paris, Hachette et Cⁱᵉ, éditeur, 1868. — Deux éditions.

Cette brochure a été rééditée dans la revue *La Jeune France*, numéro du 1er décembre 1880, corrigée et augmentée.

Article sur le même sujet, publié dans cette même Revue, numéro du 1er juin 1882, à l'adresse de M. Jules Ferry.

Profession de foi du Patriote savoyard. — Deux éditions.

Première édition. — Brochure in-8º de 48 pages. Imprimerie J. Dépollier et Cⁱᵉ, à Annecy, 1868. Chez tous les libraires de la Savoie.

Deuxième édition. — La même année.
Récit succinct des phases principales de l'histoire de la Savoie; travail destiné à lutter contre les préjugés qui pèsent sur le peuple savoyard.

Almanach des Gloires de la Savoie. — Brochures in-12, de 60 et 71 pages; l'auteur, éditeur; chez tous les libraires de la Savoie.

L'almanach des *Gloires de la Savoie* a été publié seulement en 1868, 1869 et 1870. Il était destiné à répandre les notions d'histoire et de littérature savoyardes.

Manifeste aux électeurs de la première circonscription électorale de la Haute-Savoie, 12 mai 1869.

Manifeste contre le plébiscite de 1870. Annecy, 5 mai 1870.

Manifeste contre le même, 7 mai 1870.

Les On-Dit des Portiques. — Articles littéraires et fantaisistes, signés JEAN DE BROGNY, parus dans les *Alpes* du 30 décembre 1869 au 28 juillet 1870.

Menus-Propos. — Articles humouristiques, sous la signature DOMINIQUE, parus dans chaque numéro des *Alpes*, du 11 janvier 1874 aux élections de 1876.

Les Plaisirs de la Table, pièce de 136 vers, lue au banquet donné par la Société Florimontane d'Annecy, le 6 février 1870.

Annecy, 1870, J. DÉPOLLIER et Cᵉ, imprimeurs. Brochure in-8° de 5 pages.
Non mise en vente.

Histoire populaire de la Savoie. — Première époque, depuis les temps les plus reculés jusqu'à l'apparition de la Maison de Savoie. 1 vol. in-12, 113 pages. Annecy, 1873, L'HOSTE, libraire-éditeur.

Seule partie parue.

Rapport sur le Concours de poésie de 1874 : Fondation Andrevettan ; soumis au jugement de la Société Florimontane d'Annecy. Lu dans la séance du 8 août 1874. Brochure in-8° de 39 pages ; imprimerie Aimé PERRISSIN et Cᵉ, Annecy, 1874.

Rapport sur le même, pour 1875.
— Lu dans la séance du 16 novembre 1875. Brochure in-8° de 35 pages; même imprimerie, 1875.

Ces deux rapports ont été extraits de la *Revue savoisienne*.

Les premiers essais de Xavier de Maistre.
Brochure in-8° de 66 pages; L'Hoste, libraire, à Annecy; A. Perrin, à Chambéry, 1874.

Réédition, accompagnée de notes, de brochures publiées en 1784, par X. de Maistre, sur les expériences aérostatiques qu'il fit, à cette époque, à Chambéry.

Ces brochures furent les premiers essais littéraires de X. de Maistre.

Compte-rendu politique, du 11 janvier 1877.

Manifeste aux électeurs; *après le 16 mai*. Article dans les *Alpes* et brochure; 1877.

La Chambre devant le pays. — Brochure in-12, 24 pages. Paris, Dentu, libraire, et Annecy, A. L'Hoste, id., 1877.
Brochure politique publiée après les évènements du 16 mai. Édition épuisée.

Aux électeurs de l'arrondissement d'Annecy, 11 octobre 1877. Publié dans les *Alpes* et en brochure Élection législative du 14 octobre 1877.

Le Fauteuil de Voltaire. — Article publié dans *La Jeune France*, numéro du 1er juillet 1878.

Cet article relate la réception à l'Académie française du poète Ducis, savoisien d'origine, succédant à Voltaire, en 1779, et donnant l'exemple d'une modération, d'un bon goût dont les adversaires de Voltaire ont rarement fait preuve.

La Fête savoisienne de Saint-Mandé (27 juillet 1878). *Compte-rendu et discours.* Brochure in-8° de 32 pages. Imprimerie J. Dépollier et Cᵉ, Annecy, 1878.

Allocution patriotique, *prononcée à la matinée littéraire donnée le 16 mars 1879 au Théâtre des Arts, à Paris, au profit d'une bibliothèque populaire de la Savoie (Saint-Martin de Belleville).* V. brochure in-8° ; imprimerie Capitaine, Paris, 1879.

Compte-rendu politique, du 20 avril 1879.

Salut à la Patrie, chant patriotique, musique de L. de Rillé, composé à l'occasion du concours musical d'Annecy, 1879.

Mont-Blanc ou Simplon ? *Avantages incontestables d'un chemin de fer international par le Mont-Blanc, au point de vue français, politique et stratégique.* — Avec une note sur la prétendue neutralité de la *Savoie du Nord,* par M. Louis CHAUMONTEL, sénateur de la Haute-Savoie. Brochure in-8° de 28 pages. A. CHAIX et C°, éditeurs, Paris, 1880.

Manuel biographique de la Haute-Savoie et de la Savoie. — Contenant, pour chaque canton, une notice sur les principaux personnages qui y sont nés et se sont fait remarquer comme hommes de science, écrivains, militaires, ou comme ayant rendu des services à leur pays et à leurs concitoyens.

Destiné aux établissements d'instruction publique. Vol. in-12 de 123 pages, broché ou relié. J. DÉPOLLIER et C°, imprimeurs-éditeurs, Annecy, 1883.

Guillaume Fichet, l'un des introducteurs de l'imprimerie en France. — *Études biographiques et bibliographiques.*

Travail destiné à paraître en volume et formant le complément de l'*Introduction de l'Imprimerie à Paris.* Publié, par anticipation en articles dans la *Revue savoisienne* d'Annecy, du 31 janvier 1883 au 31 octobre même année.

Les Hommes de science de la Savoie. — A. F. Frézier, *ingénieur et architecte*. — Deux éditions.

Première édition. — Brochure in-8° de 45 pages. Annecy, 1881, Abry, imprimeur-libraire.

Deuxième édition. — Revue et corrigée, brochure in-12 de 59 pages. Annecy, imprimerie J. Dépollier et Cᵉ, 1885.

Ce travail a paru d'abord dans la *Revue savoisienne*, journal de la Société Florimontane d'Annecy.

Inauguration de la statue de Germain Sommeiller. — *Discours prononcé, à Annecy, le 8 juin 1884, à l'inauguration de la statue de Germain Sommeiller*, en présence de M. Raynal, ministre des Travaux publics. Brochure in-8° de 17 pages ; imprimerie J. Dépollier et Cᵉ, Annecy, 1884. Epuisé.

Origine de l'Imprimerie à Paris, d'après des documents inédits. — Vol. in-8° de 253 pages, avec gravures et fac-simile. Paris 1885, Charavay frères, libraires-éditeurs. Imprimeries réunies. Edition épuisée.

Tirage : 500 exemplaires, dont 250 sur vélin ordinaire à 10 francs.

175 numérotés sur vélin blanc, à 20 francs.

65 numérotés, sur papier de Hollande, à 30 francs.

30 numérotés, sur parchemin Aussedat, à 40 francs.

JOURNAUX LITTÉRAIRES ET POLITIQUES

FONDATION OU RÉDACTION

Du National savoisien. — Journal politique quotidien, Annecy, 1848.

Ce journal défendait l'idée française en Savoie, en prévision des événements politiques qui devaient se passer et d'où devait résulter l'unification de l'Italie. Rédaction.

Du Moniteur savoisien. — Fondation en 1853 et rédaction jusqu'en 1859. Journal politique, libéral et démocratique.

De la Revue savoisienne. — Fondation en décembre 1859 ; journal mensuel littéraire de la Société Florimontane d'Annecy. Directeur et rédacteur en chef jusqu'en 1876.

Circulaire de fondation, du 16 décembre 1859.
Circulaire en décembre 1863.

Des Alpes. — Fondation en 1869, non politique jusqu'au 4 septembre 1870. Politique depuis 1870, républicain. Rédaction jusqu'en 1876.

Annecy — Imp J. Dépollier & Cⁱᵉ